Bibliografische Information der Deutschen Nationalbibliothek:

Die Deutsche Bibliothek verzeichnet diese Publikation in der Deutschen National-
bibliografie; detaillierte bibliografische Daten sind im Internet über http://dnb.d-
nb.de/ abrufbar.

Impressum:

Copyright © 2016 GRIN Verlag, Open Publishing GmbH
Druck und Bindung: Books on Demand GmbH, Norderstedt Germany
ISBN: 9783668603684

Dieses Buch bei GRIN:

https://www.grin.com/document/386196

Anonym

La Pepa. Die Verfassung von Cádiz und ihre Rezeption in den Königreichen beider Sizilien, Sardinien-Piemont und Portugal

GRIN Verlag

FernUniversität Hagen

Fakultät für Kultur- und Sozialwissenschaften

Hausarbeit im Modul

GE: Geschichte von Herrschaft, Staat und Politik

B.A.-Studiengang Politikwissenschaften,

Verwaltungswissenschaften und Soziologie

Sommersemester 2015/2016

Gewählter Text:

„La Pepa" – Die Verfassung von Cádiz und ihre Rezeption in den
Königreichen beider Sizilien, Sardinien-Piemont und Portugal"

Inhaltsverzeichnis

1 Einleitung

Am 19. März 1812, dem Tag des Heiligen Josef, daher auch als „La Pepa"
bekannt, trat die spanische Verfassung von Cádiz in Kraft. Es ist die erste
schriftlich niedergelegte und älteste Verfassung Spaniens.[1] Sie war für diese
Zeit die liberalste und fungierte als Modell für die Verfassungen in den
Königreichen beider Sizilien, Sardinien-Piemont, Portugal und in
Lateinamerika. Die Cortes (Ständeversammlung) entwickelte die Verfassung
und erlies sie. An der Erarbeitung der Verfassung sollten alle
Bevölkerungsgruppen, der Klerus, Großgrundbesitzer und das Bürgertum
beteiligt sein. Dies war ebenfalls neu, da die Verfassung von einer Nation für
eine Nation und nicht von einem Souverän erarbeitet werden sollte.[2]

Auch wenn ihr nur eine kurze Dauer beschert war (1812–Mai 1814, März
1820–Oktober 1823 und August 1836–bis zum Inkrafttreten der Verfassung
von 1837), war sie doch bedeutend für die Verfassungsentwicklung.[3]

Die Unzufriedenheit des Volkes, wirtschaftlicher Fortschritt und die
absolutistische Herrschaft in Spanien, Portugal und den Königreichen Italiens
waren Nährboden für den Wunsch nach einem Wechsel und nach einer Politik,
die nicht nur von absolutistischen Monarchen gemacht wird, sondern auch das
Volk mit einbezieht und ihnen eine Stimme gibt. [4]

1.1 Erläuterung des Begriffs Verfassung

Unter einer Verfassung wird ein schriftlich festgehaltenes Schriftstück eines
Staates, Gliedstaates oder Staatsverbundes verstanden. Sie regelt die
grundlegenden „niedergelegten […] Bestimmungen über die Staatsorganisation

---

[1]   Vgl. Czeguhn, Ignacio, Die spanische Verfassung von 1812 – Der Beginn des
europäischen Konstitutionalismus im 19. Jh., Berlin 2012, S. 2;

[2]   Vgl. Schlegelmilch, Arthur/Kirsch, Martin, Grundzüge der europäischen
Verfassungsgeschichte im 19. Jahrhundert, Kurseinheit 1: Zwischen aufgeklärtem
Absolutismus und wechselnden Verfassungsexperimenten 1689/1789-1814, FernUniversität in
Hagen 2015, S. 79

[3]   Vgl. Czeguhn, Ignacio, Die spanische Verfassung von 1812 – Der Beginn des
europäischen Konstitutionalismus im 19. Jh., Berlin 2012, S. 22

[4]   Vgl. Universität Köln, Das trienio liberal, 1820-1823, Revolution oder Restauration
einer liberalen Regierung? Ein Kapitel spanischer Verfassungsgeschichte, S. 1-4 online unter
http://www.uni-koeln.de/phil-fak/fs-rwl/infos/gew9904a.pdf, zugegriffen am 28.08.2016

und -funktion, die Staatsaufgaben und -ziele sowie die Rechtsstellung der Bürger."[5]

In Deutschland werden die Rechte und Pflichten der Bürger im Grundgesetz geregelt. Dieses ist als geltende Verfassung der Deutschen zu sehen. Verfassungen können nur unter komplizierten und schwierigen Bedingungen geändert werden. In den meisten Demokratien wacht die Judikative (rechtsprechende Gewalt) über ihre Einhaltung und die verfassungsgebende Gewalt geht vom Volk aus. In Deutschland wurde der erste Verfassungsentwurf von der Frankfurter Nationalversammlung vorgelegt. Das Grundgesetz für die Bundesrepublik Deutschland trat am 23. Mai 1949 in Kraft und ist seit 1990 als Verfassung gültig.

1.2 Erläuterung des Begriffs Liberalismus

Das Wort Liberalismus stammt aus dem Lateinischen liber „frei", liberalis „Die Freiheit betreffend".[6]

„Liberalismus ist eine politische Weltanschauung, die die Freiheiten des einzelnen Menschen in den Vordergrund stellt und jede Form des geistigen, sozialen oder staatlichen Zwangs ablehnt. Die vier wichtigsten Prinzipien des Liberalismus sind: a) das Recht auf Selbstbestimmung auf der Basis von Vernunft und Einsicht, b) die Beschränkung politischer Macht und c) die Freiheit gegenüber dem Staat, d) die Selbstregulierung der Wirtschaft auf der Basis persönlichen Eigentums."[7]

Die Anfänge des Liberalismus, die sich lediglich auf politische Bewegungen bezogen, gehen auf das 17. Jahrhundert zurück, wurden aber erst im 19. Jahrhundert in Spanien geprägt. Einer der wichtigsten Gründer des

---

[5]   [5] Nohlen, Dieter, Kleines Lexikon der Politik, München 2002, S. 533.

[6]   Gerginov, David (2013), Verlag für deutsche Wirtschaft AG, online unter http://www.gevestor.de/details/liberalismus-definition-und-erklarung-669113.html, zugegriffen am 31.08.2016

[7]   Schubert Klaus/Klein, Martina, Liberalismus, in: Bundeszentrale für politische Bildung, Das Politiklexikon 6., aktual. u. erw. Aufl. Bonn 2016, online unter http://www.bpb.de/nachschlagen/lexika/politiklexikon/17794/liberalismusk, zugegriffen am 31.8.2016

Liberalismus war John Locke. Adam Smith ist jedoch dafür verantwortlich, dass dieser Begriff auch in der Wirtschaft seine Bedeutung gefunden hat.[8]

Der Liberalismus legte den Grundstein für die Ideologie gegen die „Feudalaristokratie, das absolute Königtum und die doktrinäre Kirche."[9]

„Es wurde ausgegangen von der Überzeugung, dass die freie Entfaltungsmöglichkeit der Individuen nach Maßgabe ihrer persönlichen Interessen gleichzeitig die Verwirklichung anderer, überpersönlicher Werte, damit einen optimalen ges. Harmoniezustand u. größtmögliche ges. Fortschritte bewirke."[10]

2 Geschichte der Verfassung von Cádiz

2.1 Französische Revolution

Die 10-jährige Französische Revolution gehört in der Geschichte Europas zu den Abschnitten, die diese grundlegend veränderten. Sie war ein Protest gegen die Ständegesellschaft des Adels und der Geistlichen und die absolute Herrschaft von König Ludwig XVI.

Während Geistliche und Adel keine Steuern zahlten, musste der 3. Stand, das einfache Volk, diese Differenz auffangen. Das Volk verlangte nach einer demokratischen Gesellschaftsform mit mehr Rechten bei politischen Entscheidungen. Die Verfassung von 1791 lehnte Ludwig XVI. ab. Die Verfassung sah einen Staat im Sinne von Montesquieu vor. Ein Staat mit drei Gewalten, an der obersten Position der Exekutive sollte der König stehen. Er besaß ein aufschiebendes Veto und ernannte und entließ Minister. Als Ludwig XVI. bei einem Fluchtversuch gestellt wurde, nutze Robespierre die Stimmung

---

[8]   Anderegg, Ralph, Liberalismus in: Konrad-Adenauer-Stiftung, Soziale Marktwirtschaft, online unter http://www.kas.de/wf/de/71.10220/, zugegriffen am 31.08.2016

[9]   Hartfiel, Günter, Wörterbuch der Soziologie, Körners Taschenbuchausgabe, Stuttgart 1976, Bd. 410, S. 395

[10]   [10]   Hartfiel, Günter, Wörterbuch der Soziologie, Körners Taschenbuchausgabe, Stuttgart 1976, Bd. 410, S. 395-396.

gegen den König aus. Das Volk fühlte sich betrogen und verraten. Am 21.01.1793 wurde Ludwig XVI. hingerichtet.[11]

Die Jakobiner fanden ihre Anhänger zum großen Teil in den städtischen Unterschichten. Ihre Absicht war es, eine Republik nach dem Vorbild Jean-Jacques Rousseaus zu gründen. Unter Maximilien de Robespierre entwickelte sich die Terrorherrschaft. Er verhinderte die 1793 verabschiedete Verfassung, welche das Partizipationsmodell in Anlehnung an die attische Demokratie enthielt. Darin wurde die soziale Gleichheit betont, die an erster Stelle stehen sollte, gefolgt von Freiheit, Sicherheit und Eigentum. Die Verfügung über Privateigentum sowie das Recht auf Arbeit bzw. die Unterstützung aus öffentlichen Mitteln, das Recht auf Bildung, das allgemeine und gleiche Wahlrecht für Männer und ein Widerstandrecht auf Willkürherrschaft waren darin als Grundrechte deklariert. Die Verabschiedung von Gesetzen sollten der Volksabstimmung bedürfen, das Eigengewicht der Exekutive sollte zugunsten der Legislative weiter reduziert werden.[12]

Robespierre lebte nach der Überzeugung der Ideale Rousseaus, was für ihn jedoch bedeutete, dass die Gegner sich der Überzeugung anschließen oder zum Tode verurteilt werden sollten. In der Phase des „Grande Terreur" wurden viele Menschen zum Tode verurteilt, nicht nur Revolutionsgegner, sondern auch viele aus den eignen Reihen.[13] Die Terrorherrschaft endete mit dem Sturz und der Hinrichtung Robespierres. 1795, nach dem Tod Robespierres, wurde eine neue Verfassung verabschiedet. Die Gewaltteilung und die Exekutive, die in der Hand des Direktoriums lag, wurden wiedereingeführt. Das Parlament bestand aus zwei Kammern: dem Rat der Fünfhundert und dem Ältestenrat.[14]

Als Napoleon Bonaparte durch einen Staatsstreich an die Macht gelangte, endete das Direktorium. Bonaparte regierte als Erster Konsul und ließ sich schließlich 1804 zum Kaiser krönen.

---

[11] Vgl. Saage, Richard/Saage-Thienel, Ingrid, Strukturwandel der Demokratietheorien – Versuch einer ideengeschichtlichen Ortsbestimmung, FernUniversität in Hagen 2005. S. 64-78

[12] Vgl. Saage, Richard/Saage-Thienel, Ingrid, Strukturwandel der Demokratietheorien – Versuch einer ideengeschichtlichen Ortsbestimmung, FernUniversität in Hagen 2005, S. 46-90.

[13] Siegburg, Friedrich, Die französische Revolution bis zum Ende der Diktatur Robesspierre, online unter http://geschichtsverein-koengen.de/FranzRevolution.htm, zugegriffen am 30.08.2016

[14] DeuFraMat, Das Ende des Direktoriums, online unter http://www.deuframat.de/rueckblicke/revolutionaerer-umbruch/franzoesische-revolution-und-napoleonische-zeit/das-ende-des-direktoriums.html, zugegriffen am 30.08.2016

In dem „Code civil de Français" wurden die Errungenschaften der Französischen Revolution festgeschrieben: die Gleichheit aller Bürger, die Freiheit des Individuums und des Eigentums, die Abschaffung des Zunftzwangs und der feudalen Gesellschaftsstrukturen, die Trennung von Staat und Kirche, Zensur-, Streik- und Versammlungsverbot.[15]

2.2 Entstehung der Verfassung von Cádiz

Mit dem geheimen Vertrag von Fontainebleau vereinbarten Spanien und Frankreich die Eroberung Portugals und die anschließende Teilung bzw. Aufteilung des Landes. Spanien erlaubte somit Frankreich den Durchmarsch durch ihr Terrain auf dem Landweg. Napoleon nahm jedoch diese Gelegenheit wahr, um große Teile Spaniens zu besetzen. 1808 veranlasste Napoleon Karl IV. und dessen Sohn Ferdinand VII. dazu, auf den Thron zu verzichten, und übertrug das Amt seinem ältesten Bruder Joseph I. [16]

Die Aufstände und der Widerstand gegen Napoleon in Spanien und in nicht eroberten Gebieten wuchsen stetig weiter. In den nicht besetzten Gebieten, wie Cádiz, welches unter dem Schutz der Briten stand, bildete sich 1808 eine Zentraljunta, die später die Cortes von Cádiz bildete. Die Zentraljunta erklärte sich zur rechtskräftigen Vertretung der Nation. Sie bestand aus Vertretern aller spanischer Provinzen und Territorien aus Übersee und „rief 1809 zur Bildung einer Verfassungsgebenden Versammlung („Cortes") auf."[17]

Das Ziel war die Neuordnung Spaniens nach der Vertreibung der Franzosen. Am 19. März 1812 wurde die liberale Verfassung von Cádiz verkündet. Die Verfassung orientierte sich an den Ideen von Montesquieu, Rousseau und Locke. Mit ihr wurden die Geschichte des Konstitutionalismus und zum ersten

---

[15]   Martin, Denis, Die Französische Revolution, online unter http://www.delta-my.de/school/frz-revolution_de.php zugegriffen am 30.08.2016

[16]   Fournier, August, Napoleon I., Nachgedr. d. Ausg. v. 1912, Paderborn 2012, S. 247-248

[17]   Vgl. Schlegelmilch, Arthur/Kirsch, Martin, Grundzüge der europäischen Verfassungsgeschichte im 19. Jahrhundert, Kurseinheit 1: Zwischen aufgeklärtem Absolutismus und wechselnden Verfassungsexperimenten 1689/1789-1814, FernUniversität in Hagen 2015, S. 79.

Mal die Gewaltenteilung – gesetzgebende, ausführende und rechtssprechende Gewalt – eingeleitet. [18]

Die Verfassung sah ein Einkammersystem vor. Der König besaß keine Souveränität mehr. In Artikel 3 heißt es: "los diputados que componen este Congreso, y que representan la Nación española, se declaran legítimamente constituidos en Cortes generales y extraordinarias, y que reside en ellos la soberanía nacional." [19]

Der König hatte lediglich ein suspensives Veto und keine Kompetenz, das Parlament aufzulösen. Die Artikel 142 bis 152 wurden allein der Sanktion durch den König gewidmet. Die Verfassung legte die katholische Religion als einzig gültige Staatsreligion fest.

Die Abgeordneten der Cortes wurden alle zwei Jahre neu gewählt, die Wahlen wurden auf Bezirks- und Provinzebene abgehalten und es gab ein allgemeines und indirektes Männerwahlrecht, welches möglichst alle Bevölkerungsschichten einschließen sollte. [20]

In Artikel 4 wurden die liberalen Grundsätze, wie Freiheit, Gleichheit, das Recht auf Eigentum und das Recht auf Sicherheit, festgeschrieben. Pressefreiheit und Meinungsfreiheit wurden ebenfalls in der Verfassung verankert. Die Strafverfolgung wurde detailliert geregelt und die Inquisition abgeschafft. [21]

Während die Verfassung in Cádiz in Kraft gesetzt wurde, befand sich König Ferdinand VII. als Gefangener Napoleons in Frankreich. Mit dem Ende der Besetzung und der Rückkehr von Ferdinand VII. erklärte dieser am 4. Mai

---

[18]   Vgl. Brennecke, Christiana, Von Cádiz nach London, Spanischer Liberalismus im Spannungsfeld von nationaler Selbstbestimmung, Internationalität und Exil (1820-1833), Band 222, Vanderhoeck &Ruprecht GmbH & Co. KG, Göttingen 2010, S. 39

[19]   Übersetzung: „Die Mitglieder, die diesen Kongress bilden und die spanischen Nation repräsentieren, erklären rechtmäßig konstituiert der Cortes im allgemeinen und außergewöhnlichen, dass sie als souveräne Repräsentanten der Nation agieren." Czeguhn, Ignacio, Die spanische Verfassung von 1812 – Der Beginn des europäischen Konstitutionalismus im 19. Jh., Berlin 2012, S. 9.

[20]   Schlegelmilch, Arthur/Kirsch, Martin, Grundzüge der europäischen Verfassungsgeschichte im 19. Jahrhundert, Kurseinheit 1: Zwischen aufgeklärtem Absolutismus und wechselnden Verfassungsexperimenten 1689/1789-1814, FernUniversität in Hagen 2015 S. 79

[21]   Vgl. Chust Calero, Manuel, Die Verfassung von 1812 und der iberoamerikanische Konstitutionalismus, Ein Vergleich, Rechtsgeschichte: Zeitschrift des Max-Planck-Instituts für Europäische Rechtsgeschichte 16/2010, S. 69-77, hier S. 70-74.

1814 die Verfassung durch das Manifest von Valencia für ungültig. Hintergrund war, dass der König laut Verfassung einfacher Träger der Exekutivgewalt sein sollte und somit kein Handeln seinerseits wirksam werden konnte, bevor ein Staatssekretär oder Ministerialsekretär seine Anordnungen unterschrieben und bestätigt hätte. Das Zustandekommen der Gesetze sollte zwar letztendlich durch seine Unterschrift genehmigt werden, jedoch hätte er kein absolutes Vetorecht, sondern nur ein aufschiebendes.[22]

Es hätte auch nicht in seiner Macht gestanden, das Parlament zu suspendieren oder aufzulösen oder ohne Zustimmung des Parlaments internationale Verträge oder Allianzen abzuschließen, Steuern festzulegen oder ohne Zustimmung des Parlaments eine Ehe einzugehen. Die Monarchie blieb jedoch weiterhin erblich. Diese Einschnitte in seine Rechte stellten für den König eine unakzeptable Form seines Amtes dar. Mit der Auflösung der Cortes stellte Ferdinand VII. den Absolutismus wieder her. Dies bedeutete unter anderem Parteien- und Presseverbot, Folter und Wiedereinführung der Inquisition. [23]

Die „Exaltados", traten für den fortschrittlichsten Teil der Verfassung ein. Sie hatten besonders unter massiven Vergeltungs- und Unterdrückungsmaßnahmen zu leiden. Wer nicht ins Exil ging, musste mit Verhaftung und Folter rechnen.[24]

Ferdinand VII., der mit aller Härte regierte und die liberalen Aktivisten verfolgte, verlor bald den Rückhalt der europäischen Monarchien. Er konnte aufgrund fortwährender Putschversuche sowie einer misslichen Wirtschafts- und Finanzlage seinen absolutistischen Regierungsstil nicht aufrechterhalten.

---

[22] Rivero, Gómez, Die Königlichen Sanktion der Gesetze in der Verfassung von Cádiz, H. Gietl Verlag & Publikationsservice GmbH, Regenstauf 2011, S.5

[23] Universität Köln, Das trienio liberal, 1820-1823, Revolution oder Restauration einer liberalen Regierung? Ein Kapitel spanischer Verfassungsgeschichte, S. 3 online unter http://www.uni-koeln.de/phil-fak/fs-rwl/infos/gew9904a.pdf, zugegriffen am 28.08.2016

[24] Nautz, Jürgen, Die große Revolution der Welt, marixverlag GmbH Wiesbaden 2011, S. keine Angabe (Kapitel Revolution auf der iberischen Halbinsel, Trienio liberal – die Spanische Revolution, 1820-1823) online unter https://books.google.de/books?id=ECZ5DAAAQBAJ&pg=PT60&dq=Exaltados+cadiz&hl=de&sa=X&ved=0ahUKEwi-uODC4_vOAhVDNxQKHQArD0YQ6AEIPDAE#v=onepage&q=Exaltados%20cadiz&f=false zugegriffen am 28.08.2016

Im März 1820 sah er sich gezwungen, die Verfassung von Cádiz wieder einzusetzen.[25]

3 Die Verfassung von Cádiz als Leitbild in den Königreichen beider Sizilien sowie Sardinien-Piemont

3.1 Einführung der Verfassung in den Königreichen beider Sizilien sowie Sardinien-Piemont nach dem Leitbild von Cádiz

Nach dem Wiener Kongress wurden in vielen europäischen Staaten die alten Dynastien wiederhergestellt, so auch in Spanien, Portugal, Neapel, Sardinien und Piemont. Metternich hatte mit dem Plan eines italienisches Bundes keinen Erfolg. Spanien kehrte wieder zum Absolutismus zurück, gleichermaßen auch die Königreiche beider Sizilien und Sardinien-Piemont. Die Unzufriedenheit wuchs und mit ihr die Proteste gegen diese Art der Politik. In den Königreichen Italiens formten sich geheime Gesellschaften, ähnlich der Freimaurer, die sich für eine liberale Monarchie einsetzten. Ferdinand I., König beider Sizilien hatte sich in geheimen Verträgen mit Österreich dazu verpflichtet, keine Verfassung einzuführen, die liberaler wäre als die der Lombardei. 1821 kam es in Sardinien-Piemont und im Königreich beider Sizilien zu einer Revolution. Da die Verwaltung schwach und König Ferdinand unfähig war, keinen Widerstand leisten und die Ordnung nicht aufrechterhalten konnte, musste er schließlich auf die spanische Konstitution schwören. [26]

Viktor Emanuel I., König von Sardinien und Herzog von Savoyen, stattete nicht nur den Adel und Klerus mit den alten Privilegien aus, er nahm auch die Verfolgung der Waldenser und Juden wieder auf. Mit radikalen Maßnahmen brachte er das Volk gegen sich auf, isolierte sich zusehends und musste schließlich abdanken. Karl Albert Amadeus wurde als kurzfristiger König eingesetzt, da sich der neue König Karl Felix zu dieser Zeit in Modena aufhielt.

---

[25]   Brennecke, Christiana, Von Cádiz nach London, Spanischer Liberalismus im Spannungsfeld von nationaler Selbstbestimmung, Internationalität und Exil (1820-1833), Band 222, Vanderhoeck &Ruprecht Gmbh & Co. KG, Göttingen 2010, S. 31-33

[26]   Meyers Großes Konversations-Lexikon, Band 18. Leipzig 1909, S. 511-515.

Er nutzte diese Zeit, um auf die Forderung des Volkes zu hören und die liberale Verfassung zu erlassen. [27]

3.2 Anhänger und Gegner der Verfassung

Der liberale Geheimbund der Carbonari wusste sowohl im Königreich Sardinien-Piemont als auch im Königreich beider Sizilien die Unzufriedenheit des Volkes für sich zu nutzen und zu intervenieren. Entstanden ist der Bund in der Zeit der französischen Herrschaft in Italien. Ihre Ziele waren die nationale Unabhängigkeit und freisinnige Staatsformen. Der Bund konnte sich auch bei Teilen der Armee einbringen und diese für die Revolution gewinnen. Aber auch bürgerliche Schichten, junge aufgeklärte Adlige in Piemont traten für eine liberale Verfassung ein. In Sizilien hatte sich während der britischen Besatzung eine wohlhabende Mittelschicht gebildet, die vermögend genug war, Land zu kaufen. Gerade diese Schicht hatte ein großes Interesse an der Abschaffung des Feudalismus. [28]

Auch der Klerus stand dem Liberalismus feindlich gegenüber. Geistliche in hohen Positionen hatten ein großes Interesse daran, den Absolutismus wiederherzustellen. Liberale hatten angefangen, freie Stellen mit Verwandten und Bekannten zu besetzen; die Abschaffung der Inquisition traf beim Klerus auch nicht auf Zuspruch. [29]

Die Murattiani und besonders Cesare Balbo sprachen sich anfangs für eine Verfassung nach dem Vorbild der Verfassung Frankreichs bzw. der britisch-sizilianischen Verfassung aus, doch mussten sie sich dem Druck der Carbonari beugen und die spanische Verfassung von 1812 akzeptieren. Die Überzeugung

---

[27] Vgl. Geng, Denise, Monarch und Militär, Zum Verhältnis von politischer und militärischer Führung im 19. Jahrhundert. Preußen-Deutschland im Vergleich, LIT Verlag Dr. W. Hopf Berlin 2013, S. 166

[28] Vgl. Seidlmayer Dr., Michael, Das Risorgimento (1815-1870) (I), S.4,5 online unter http://politik.brunner-architekt.ch/wp-content/uploads/Risorgimento.pdf, zugegriffen am 28.08.2016, Die Abschaffung des Feudalismus geschah schon mit der Verfassung von 1812 unter britischer Besatzung.

[29] Vgl. Schulze, Thies, Grenzüberschreitende Religion, Vergleichs- und Kulturtransfernstudien zur neuzeitlichen Geschichte, Vanderhoeck & Ruprecht GmbH & Co. KG, Göttingen 2013, S. 83

Cesare Balbos betraf eine gesamtitalienische konstitutionelle Einheit und die Unabhängigkeit Italiens.[30]

Österreich war Führungsmacht in Italien und gegen das Land widmeten sich die Unabhängigkeitsgedanken der Liberalen. Auch Karl Albert unterstützte anfangs die Liberalen. Sein Ziel war es jedoch, die Habsburger zu vertreiben und die Lombardei einzunehmen. Dies erklärt auch, weshalb er später konservativ regierte und liberale Bewegungen unterdrückte. Aber nicht nur König Ferdinand I. hatte kein Interesse an einer Verfassung nach dem Vorbild von Cádiz, auch die Habsburger und Klemens Wenzel Lothar von Metternich kämpften gegen eine liberale Verfassung im Königreichen Italien. Gerade von Metternich arbeitete auf dem Wiener Kongress darauf hin, dass Österreich die Führungsmacht in Europa wird. Metternich ging mit aller Härte gegen die nationale Bewegung in Italien vor und unterstütze auch Ferdinand I. durch die Österreicher gegen die Liberalen im Königreich beider Sizilien.[31]

3.3 Gemeinsamkeiten

Im Großen und Ganzen haben das Königreich Sardinien-Piemont und das Königreich beider Sizilien die Verfassung von Cádiz fast authentisch übernommen. Die nationale Unabhängigkeit, Presse- und Meinungsfreiheit, Gewaltenteilung, Freiheit, Gleichheit, das Recht auf Eigentum und das Recht auf Sicherheit waren Gemeinsamkeiten aller Verfassungen. Allerdings gab es Unterschiede beim Wahlrecht, denn die Stimmen in Spanien wurden in einem indirekten Wahlverfahren abgegeben. Die Kompetenzen des Parlaments in Spanien bestanden aus weitreichenden Rechten und es gab nur eine Kammer.[32]

---

[30] Vgl. Spät, Jens, Spanien als Vorbild für ein liberaleres Europa? Das Modell der Verfassung von Cádiz, S. 3 Essay bezieht sich auf folgende Quelle: Verfassung von Cádiz, Auszüge (19. März 1812). In: Themenportal Europäische Geschichte (2012), URL: <http://www.europa.clio-online.de/2012/Article=558>. Zugegriffen am 20.08.2016 britisch-sizilianische Verfassung ist 1812 unter britischem Einfluss entstanden. Es ist eine monarchische Verfassung mit klarer Trennung von Exekutive und Legislative.

[31] Vgl. Meyers Großes Konversations-Lexikon, Leipzig 1909, Band 18, S. 511-515, online unter http://www.zeno.org/Meyers-1905/A/Sizilien,+K%C3%B6nigreich+beider zugegriffen am 27.08.2016

[32] Vgl. Späth, Jens, Spanien als Vorbild für ein frühliberales Europa? Das Modell der Verfassung von Cádiz (1812), in: Themenportal Europäische Geschichte (2012), online unter http://www.europa.clio-online.de/2012/Article=557, S. 1-11, hier S. 2, 4, Zugegriffen am 15.07.2016.

Die katholische Religion wurde besonders in der spanischen Verfassung hervorgehoben. In den Königreichen Italiens gab es über diesen Artikel heftige Auseinandersetzungen. Die Juden und Waldenser waren in Sardinien-Piemont eine Minderheit, die zum Teil auf die vorchristliche Zeit zurückging. In Sizilien verhinderte das Vetorecht des Prinzregenten die Religionsfreiheit. Am Ende wurde Artikel 12 der spanischen Verfassung übernommen, um die Integration der Kirche zu stärken.[33]

Die verfassungsgebende Gewalt war ein Unterschied zwischen Spanien und den Königreichen Italiens, da sich nur in Spanien die Nation als solche zusammenfand. Ein weiterer Unterschied war die Kompetenz des Königs. Die Verfassung sah in der Cortes nur ein suspensives Veto für den König vor. Er hatte nicht die Befugnis, das Parlament aufzulösen. Während die spanische Verfassung auch die weibliche Thronfolge vorsah, hatte Karl Albert durchgesetzt, dass die Erbfolge nicht angetastet werden dürfe. Zudem war die spanische Verfassung um ein Vielfaches differenzierter als die der Königreiche Italiens. [34]

3.4 Scheitern der Verfassung in den Königreichen beider Sizilien und Sardinien-Piemont

Ferdinand I., König beider Sizilien, schwor zwar auf die Verfassung, verleugnete dies jedoch bei dem Laibacher Kongress. Ihm war, genau wie in Spanien, die Verfassung aufgezwungen worden. Daher wandte er sich auf dem Laibacher Kongress an die Österreicher, die militärisch einrückten und die alte Ordnung wiederherstellten. Der Absolutismus wurde wiedereingeführt und

---

[33] Vgl. Späth, Jens, Schulze, >> La religión de la Nación españoa es y será perpetuamente la católica, apostólica, romana, única verdada.<< Liberalismus und Religion in Südeuropa im frühen 19. Jahrhundert am Beispiel der Verfassung von Cádiz aus dem Sammelband Thies, Grenzüberschreitende Religion, Vergleichs- und Kulturtransfernstudien zur neuzeitlichen Geschichte, Vanderhoeck & Ruprecht GmbH & Co. KG, Göttingen 2013, S. 81

[34] Vgl. Späth, Jens, >> La religión de la Nación españoa es y será perpetuamente la católica, apostólica, romana, única verdada.<< Liberalismus und Religion in Südeuropa im frühen 19. Jahrhundert am Beispiel der Verfassung von Cádiz, aus dem Sammelband, Schulze, Thies, Grenzüberschreitende Religion, Vergleichs- und Kulturtransfernstudien zur neuzeitlichen Geschichte, Vanderhoeck & Ruprecht GmbH & Co. KG, Göttingen 2013, S. 76

liberale Einrichtungen wurden beseitigt. Gleiches passierte in Sardinien-Piemont. [35]

Vor allem von Metternich intervenierte mit großem Interesse. Er hatte sich bereits im Vertrag von 1815 mit Österreich gegen eine Verfassung ausgesprochen. Ferdinand I. hatte sich in diesem Vertrag verpflichtet, keine politischen Veränderungen vorzunehmen. Klemens Wenzel Lothar von Metternich bestimmte die österreichische Politik und avantgardistische Handlungen schaltete er auf diplomatischem oder militärischem Wege aus. Er wollte dem Verlangen nach Unabhängigkeit keinen Vorwand bieten. [36]

In Sardinien-Piemont konnte sich Karl Albert mit der Zusage zur Verfassung die Unterstützung der Liberalen sichern. Karl Felix, der nach der Rückkehr aus Modena wieder den Thron bestiegen hatte, schaffte die Verfassung ab. In beiden Königreichen wurde wieder streng absolutistisch geherrscht und die Revolutionäre wurden verfolgt und zum Tode verurteilt oder sie gingen ins Exil. In beiden Königreichen hatte die Verfassung keine Chance. Die Hegemonialmacht Österreich hatte zu großen Einfluss und benötigte nicht lange, um die Revolution militärisch niederzuschlagen. Zudem wurde in beiden Königreichen die Verfassung von den Herrschern nicht aus eigener Überzeugung eingeführt. Ein weiterer Punkt ist, dass die Herrscher sich nicht gegen Österreich stellen wollten, da dies ggf. den Verlust ihres Thrones bedeutet hätte. Es galt, sich diesen mit langfristigen Verhandlungen zu sichern. [37]

---

[35] Vgl. Kistner, Florian, Großbritannien und die Neuordnung Europas nach 1815, Wiener Kongress und Europäisches Konzert, Diplomica Verlag GmbH, Hamburg 2015, S. 44

[36] Vgl. Sellin, Volker, Das Jahrhundert der Restauration, 1814 bis 1906, Oldenbourg Verlag München 2014, S. 98

[37] Vgl. Geng, Denise, Monarch und Militär, Zum Verhältnis von politischer und militärischer Führung im 19. Jahrhundert. Preußen-Deutschland im Vergleich, LIT Verlag Dr. W. Hopf Berlin 2013 S. 41-42

4 Die Verfassung von Cádiz als Vorlage in Portugal

4.1 Cádiz als Vorbild für die Verfassung Portugals

Durch die Kontinentalsperre gegen Großbritannien und die Besetzung Portugals durch Frankreich sahen sich das Königshaus und große Teile der Aristokratie gezwungen, nach Brasilien überzusiedeln. 1808 konnte Großbritannien mithilfe der Truppen Portugals die Franzosen zurückschlagen sowie drei weitere Invasionen durchführen. 1814 endete der Krieg und mit dem Wiener Kongress erhielt Portugal seine Souveränität zurück.

Die Kriegsjahre hatte Portugal stark mitgenommen. Nicht nur Landwirtschaft und Handel waren verheerend, sondern auch die kulturelle Entwicklung hatte im Krieg stark gelitten. König João VI. hatte die konstitutionelle Regierung von Lissabon nach Rio de Janeiro verlegt, jedoch führten die Umstände der „Abwesenheit des Monarchen und seiner Familie, die britische Präsenz in Armee und Regierung, der Rückgang des Handels und die mangelnde Stabilität des Haushaltes sowie die Tatsache, dass erhebliche Summen nach Brasilien flossen […] zu Unzufriedenheit und Unruhen in Portugal, insbesondere im Heer."[38]

Diese Unruhen führten zu Verurteilungen und Hinrichtungen, jedoch auch zu einer Zementierung der liberalen Bewegung. 1820 begann die liberale Revolution mit dem Aufstand der Offiziere in Porto. Eine liberale Verfassung nach dem Vorbild Spaniens im Jahr 1812 wurde gefordert. König João VI., durch die Junta Provisional do Supremo zur Rückkehr gezwungen, überlies seinem Sohn Pedro die Regentschaft in Brasilien. Im Jahr 1821 wurde die Verfassung nach dem Vorbild Spaniens in Portugal verabschiedet. Nach seiner Rückkehr leistete König João VI. am 4. Juli 1821 den Eid auf die Verfassung.[39]

---

[38] Sinner, Carsten, Wissenschaftliches Schreiben in Portugal zum Ende des Antigo Regime (1779–1821), Die Memórias económicas der Academia das Ciências de Lisboa, Berlin 2012, S. 109

[39] Sinner, Carsten, Wissenschaftliches Schreiben in Portugal zum Ende des Antigo Regime (1779–1821), Die Memórias económicas der Academia das Ciências de Lisboa, Berlin 2012, S. 109

4.2 Gemeinsamkeiten

Die Inquisition, besondere Rechte der katholischen Kirche und die Feudalherrschaft wurden abgeschafft. Wie in Cádiz wurde das Einkammersystem eingeführt. Dieses sollte sich aus der allgemeinen Wahl zusammensetzen. An der Wahl durften alle Portugiesen teilnehmen, außer Frauen, Klerikern und Analphabeten. In Spanien dagegen konnten sich alle Männer an einer indirekten Wahl beteiligen. Der König hatte ein Vetorecht bei neuen Gesetzesvorlagen des Parlaments, er war aber, genau wie in Spanien, nicht in der Lage, das Parlament aufzulösen. Die gesetzgebende Gewalt beruhte nur auf dem Körper der Repräsentanten des Volkes, ebenso lag die Souveränität beim Volk. Weitere Gemeinsamkeiten sind die Pressefreiheit und die garantierten bürgerlichen Rechte. [40]

Die portugiesische Verfassung war ähnlich minutiös wie die spanische. Sie bestand aus 6 Titeln mit 229 Artikeln. In ihr sind die Rechte und persönlichen Verpflichtungen 1) der Portugiesen 2) des portugiesischen Volkes, seiner Gebiete, seiner Religion und seiner Dynastie, 3) der gesetzgebenden Gewalt bzw. der Cortes, 4) der vollziehenden Gewalt bzw. des Königs, 5) der Judikative und 6) der administrativen und ökonomischen Regierung der Provinzen geregelt.[41]

Wird die Verfassung von Cádiz betrachtet, die aus 384 Artikeln und 10 Titeln besteht, so ist festzustellen, dass der Umfang der portugiesischen Verfassung fast an den der spanischen herankommt. [42]

---

[40] Vgl. Sinner, Carsten, Wissenschaftliches Schreiben in Portugal zum Ende des Antigo Regime (1779–1821), Die Memórias económicas der Academia das Ciências de Lisboa, Berlin 2012, S. 109

[41] Vgl. Schubert, Dr. F. W., Die Verfassungsurkunden und Grundgesetze der Staaten Europa's, der Nordamerikanischen Freistaaten und Brasilien, welche gegenwärtig die Grundlage des öffentlichen Rechtes in diesen Staaten bilden, II. Band, Druck und Verlag von Adolph Samter, Königsberg 1850, S. 144

[42] Vgl. Czeguhn, Ignacio, Die spanische Verfassung von 1812 – Der Beginn des europäischen Konstitutionalismus im 19. Jh., Berlin 2012, S. 6

4.3 Absetzung der Verfassung

Als König João VI. Brasilien verlies, setzte er seinen ältesten Sohn Peter als Regenten in Brasilien ein. Seine Frau Charlotte Johanna und sein zweiter Sohn Michael gingen mit ihm zurück. Beide sollten ebenfalls auf die Verfassung schwören, weigerten sich jedoch. Als Charlotte Johanna nach Portugal zurückkehrte, fand sie ein anderes Land vor, als das, welches sie verlassen hatte. Sie konnte zwar nicht ihren Ehemann dazu bewegen, den Schwur auf die Verfassung zu brechen, jedoch überzeugte die tief konservative Königin ihren Sohn Michael von ihrer Einstellung. Auch der Sohn Peter war von den liberalen Ansichten nicht überzeugt. 1822 verkündete dieser die Unabhängigkeit Brasiliens und rief sich selbst zum Kaiser aus. Da unter dem Einfluss der französischen Armee in Spanien der Absolutismus wiederhergestellt wurde, erhoffte sich die Königin, dass sich auch für Portugal diese Chance auftut. König João VI. hatte den Infanten Michael zum Oberbefehlshaber der portugiesischen Armee ernannt. 1824 nutzte er diesen Umstand für einen Aufstand. Der Versuch Michaels und Charlotte Johannas König João VI. dazu zu bewegen, abzudanken, misslang. Mithilfe der Briten gelang diesem die Flucht. Er enthob seinen Sohn des Amtes und schickte ihn und seine Frau ins Exil. Der Aufstand selbst wurde nur abgeschwächt und die Arbeit an der Verfassung wurde dadurch beeinflusst, mit dem Ergebnis, dass König João VI. diese widerrief und das alte Reichsgrundgesetz von Lamego mit den drei Reichsständen wieder in Kraft setzte.

5 Fazit

Alle Verfassungen den Königreichen Spanien, Sardinien-Piemont, beider Sizilien und Portugal hatten nur kurz Bestand. Die Monarchie und der Klerus waren nicht bereit, die Macht abzugeben und sich mit den liberalen Ideen auseinanderzusetzen. Besonders die Monarchie wollte an dem Absolutismus festhalten und sich nicht in der Autorität beschränken lassen.

Ein weiterer Aspekt für das Scheitern der Verfassungen war die Situation in Europa. Von Metternich konnte bei dem Wiener Kongress die liberalen und nationalstaatlichen Ideen hemmen und das monarchische Prinzip aufrechterhalten. Aufkommende Versuche, den Liberalismus in den Ländern voranzutreiben, wurden insbesondere von ihm zum Teil militärisch zurückgedrängt. Liberale, die sich für die Verfassung starkgemacht hatten, wurden nach Widerherstellung des Absolutismus verfolgt und hingerichtet.

Zum Teil hatte auch der Klerus ein nicht unerhebliches Interesse an der Rückkehr zum Absolutismus. Speziell die Abschaffung der Inquisition und die Besetzung von Positionen mit Liberalen dürften für manchen zu weit gegangen sein.

Hinzu kam, dass die spanische Verfassung von 1812 als sehr starr und schwer umsetzbar galt. Die Möglichkeit von Änderungen gab es kaum. In Spanien wurde später versucht, das Volk aus der Politik herauszuhalten. Die hohen Steuern belasteten das Volk und besonders die ländlichen Gegenden blieben von politischen Veränderungen unberührt. Zudem blieben durch die südamerikanischen Unabhängigkeitskriege bzw. die Unabhängigkeitserklärungen von Spanien und Portugal nicht unerhebliche Gelder aus. Die royalistische Opposition hatte damit ein leichtes Ziel, die Liberalen zu denunzieren. Diese waren sich im Laufe der Zeit uneins über die politischen Ideen und Richtungen.

Trotz der Kurzlebigkeit der Verfassung von Cádiz hat sie die Politik in Europa dennoch verändert und die Abwendung vom Absolutismus hin zur Demokratie beeinflusst. Für viele spätere Verfassungen diente die spanische als Vorbild.

Literaturverzeichnis

Anderegg, Ralph, Liberalismus in: Konrad-Adenauer-Stiftung, Soziale Marktwirtschaft, online unter http://www.kas.de/wf/de/71.10220/, zugegriffen am 31.08.2016

Brennecke, Christiana, Von Cádiz nach London, Spanischer Liberalismus im Spannungsfeld von nationaler Selbstbestimmung, Internationalität und Exil (1820-1833), Band 222, Vanderhoeck &Ruprecht GmbH & Co. KG, Göttingen 2010

Chust Calero, Manuel, Die Verfassung von 1812 und der iberoamerikanische Konstitutionalismus, Ein Vergleich, Rechtsgeschichte: Zeitschrift des Max-Planck-Instituts für Europäische Rechtsgeschichte 16/2010

Czeguhn, Ignacio, Die spanische Verfassung von 1812 – Der Beginn des europäischen Konstitutionalismus im 19. Jh., Berlin 2012

DeuFraMat, Das Ende des Direktoriums, online unter http://www.deuframat.de/rueckblicke/revolutionaerer-umbruch/franzoesische-revolution-und-napoleonische-zeit/das-ende-des-direktoriums.html, zugegriffen am 30.08.2016

Fournier, August, Napoleon I., Nachgedr. d. Ausg. v. 1912, Paderborn 2012

Geng, Denise, Monarch und Militär, Zum Verhältnis von politischer und militärischer Führung im 19. Jahrhundert. Preußen-Deutschland im Vergleich, LIT Verlag Dr. W. Hopf Berlin 2013

Gerginov, David (2013), Verlag für deutsche Wirtschaft AG, online unter http://www.gevestor.de/details/liberalismus-definition-und-erklarung-669113.html, zugegriffen am 31.08.2016

Hartfiel, Günter, Wörterbuch der Soziologie, Körners Taschenbuchausgabe, Stuttgart 1976, Bd. 410, S. 395

Kistner, Florian, Großbritannien und die Neuordnung Europas nach 1815, Wiener Kongress und Europäisches Konzert, Diplomica Verlag GmbH, Hamburg 2015

Martin, Denis, Die Französische Revolution, online unter http://www.delta-my.de/school/frz-revolution_de.php zugegriffen am 30.08.2016

Meyers Großes Konversations-Lexikon, Leipzig 1909, Band 18, S. 511-515,
online unter http://www.zeno.org/Meyers-
1905/A/Sizilien,+K%C3%B6nigreich+beider zugegriffen am 27.08.2016

Nautz, Jürgen, Die große Revolution der Welt, marixverlag GmbH Wiesbaden
2011, S. keine Angabe (Kapitel Revolution auf der iberischen Halbinsel,
Trienio liberal – die Spanische Revolution, 1820-1823) online unter
https://books.google.de/books?id=ECZ5DAAAQBAJ&pg=PT60&dq=Exaltad
os+cadiz&hl=de&sa=X&ved=0ahUKEwi-
uODC4_vOAhVDNxQKHQArD0YQ6AEIPDAE#v=onepage&q=Exaltados%
20cadiz&f=false zugegriffen am 28.08.2016

Nohlen, Dieter, Kleines Lexikon der Politik, München 2002

Rivero, Gómez, Die Königlichen Sanktion der Gesetze in der Verfassung von
Cádiz, H. Gietl Verlag & Publikatiosservice GmbH, Regenstauf 2011

Saage, Richard/Saage-Thienel, Ingrid, Strukturwandel der Demokratietheorien
– Versuch einer ideengeschichtlichen Ortsbestimmung, FernUniversität in
Hagen 2005

Sellin, Volker, Das Jahrhundert der Restauration, 1814 bis 1906, Oldenbourg
Verlag München 2014

Seidlmayer Dr., Michael, Das Risorgimento (1815-1870) (I), S.4,5 online unter
http://politik.brunner-architekt.ch/wp-content/uploads/Risorgimento.pdf,
zugegriffen am 28.08.2016

Schlegelmilch, Arthur/Kirsch, Martin, Grundzüge der europäischen
Verfassungsgeschichte im 19. Jahrhundert, Kurseinheit 1: Zwischen
aufgeklärtem Absolutismus und wechselnden Verfassungsexperimenten
1689/1789-1814, FernUniversität in Hagen 2015

Schubert, Dr. F. W., Die Verfassungsurkunden und Grundgesetze der Staaten
Europa's, der Nordamerikanischen Freistaaten und Brasilien, welche
gegenwärtig die Grundlage des öffentlichen Rechtes in diesen Staaten bilden,
II. Band, Druck und Verlag von Adolph Samter, Königsberg 1850

Schubert Klaus/Klein, Martina, Liberalismus, in: Bundeszentrale für politische
Bildung, Das Politiklexikon 6., aktual. u. erw. Aufl. Bonn 2016, online unter
http://www.bpb.de/nachschlagen/lexika/politiklexikon/17794/liberalismusk,
zugegriffen am 31.8.2016

Schulze, Thies, Grenzüberschreitende Religion, Vergleichs- und Kulturtransfernstudien zur neuzeitlichen Geschichte, Vanderhoeck & Ruprecht GmbH & Co. KG, Göttingen 2013

Siegburg, Friedrich, Die französische Revolution bis zum Ende der Diktatur Robesspierre, online unter http://geschichtsverein-koengen.de/FranzRevolution.htm, zugegriffen am 30.08.2016

Sinner, Carsten, Wissenschaftliches Schreiben in Portugal zum Ende des Antigo Regime (1779–1821), Die Memórias económicas der Academia das Ciências de Lisboa, Berlin 2012

Spät, Jens, Spanien als Vorbild für ein liberaleres Europa? Das Modell der Verfassung von Cádiz, S. 3 Essay bezieht sich auf folgende Quelle: Verfassung von Cádiz, Auszüge (19. März 1812). In: Themenportal Europäische Geschichte (2012), URL: <http://www.europa.clio-online.de/2012/Article=558>. Zugegriffen am 15.07.2016 und 20.08.2016

Späth, Jens, Schulze, >> La religión de la Nación española es y será perperpuamente la católica, apostólica, romana, única verdada.<< Liberalismus und Religion in Südeuropa im frühen 19. Jahrhundert am Beispiel der Verfassung von Cádiz aus dem Sammelband Thies, Grenzüberschreitende Religion, Vergleichs- und Kulturtransfernstudien zur neuzeitlichen Geschichte, Vanderhoeck & Ruprecht GmbH & Co. KG, Göttingen 2013

Universität Köln, Das trienio liberal, 1820-1823, Revolution oder Restauration einer liberalen Regierung? Ein Kapitel spanischer Verfassungsgeschichte, S. 1-4 online unter http://www.uni-koeln.de/phil-fak/fs-rwl/infos/gew9904a.pdf, zugegriffen am 28.08.2016